세상을 바꾸는 씨앗

아동부 워크북

이 책은 조국형·정승아 님의 후원금으로 만들어졌습니다.

세상을 바꾸는 씨앗 아동부 워크북

기획 · 월드휴먼브리지(대표 김병삼)
지은이 · 오혜인(민들레커뮤니티)
감수 · 김성중(장로회신학대학교 기독교교육과 교수)
일러스트 · 김혜연(@hessedrawing)
초판 발행 · 2022. 08. 03.
등록번호 · 제1988-000080호
등록된 곳 · 서울특별시 용산구 서빙고로65길 38
발행처 · 사단법인 두란노서원
영업부 · 2078-3352 FAX 080-749-3705
출판부 · 2078-3331

책 값은 뒤표지에 있습니다.
ISBN 978-89-531-4288-6 04230
ISBN 978-89-531-4290-9 04230(세트)

편집부에서 독자의 의견을 기다립니다.
tpress@duranno.com http://www.Duranno.com

두란노서원은 바울 사도가 3차 전도여행 때 에베소에서 성령 받은 제자들을 따로 세워 하나님의 말씀으로 양육하던 장소입니다. 사도행전 19장 8-20절의 정신에 따라 첫째 목회자를 돕는 사역과 평신도를 훈련시키는 사역, 둘째 세계선교(TIM)와 문서선교(단행본·잡지) 사역, 셋째 예수문화 및 경배와 찬양 사역, 그리고 가정·상담 사역 등을 감당하고 있습니다. 1980년 12월 22일에 창립된 두란노서원은 주님 오실 때까지 이 사역들을 계속할 것입니다.

아동부
워크북

자선으로 이루어 가는 하나님 나라

세상을 바꾸는 씨앗

월드휴먼브리지

두란노

차례

부록

'세상을 바꾸는 씨앗'을 꿈꾸며

그리스도인으로서 잘사는 방법은 무엇일까요? 바로 하나님의 뜻을 알고, 삶 속에서 실천하는 것입니다. 그리스도인답게 살아가는 방법에는 여러 가지가 있지만, 그중에서도 이웃 사랑을 빼놓을 수 없습니다. 성경에서 말하는 이웃 사랑은 사회적 약자들을 돌보는 것에 초점이 있습니다. 이러한 정신을 바탕으로 시작된 국제구호개발 NGO 월드휴먼브리지는 교회를 넘어 세상 속에서 소외된 이웃을 섬기는 일을 해 왔습니다.

그동안 월드휴먼브리지의 사역이 국내외의 어려운 이웃을 돕는 것에 집중했다면, 이제는 한 걸음 더 나아가 한국 교회와 한국 사회를 변화시키는 데 집중하려고 합니다. 그것은 바로 자선의 철학을 정립하고, 교육하는 일입니다. 특별히 다음 세대를 대상으로 기독교 자선에 관해 교육하는 것이 매우 중요합니다.

유대인들은 어릴 때부터 이웃 돕는 일을 자연스럽게 배우고 실천하고 있습니다. 이 전통을 '쩨데카'라고 하지요. 부모는 자녀에게 저금통을 선물하며 가난한 사람을 돕는 돈을 모으도록 가르칩니다. 자녀는 자선을 실천하는 부모를 보면서 따라 배우게 됩니다. 이에 비해 우리나라에서는 자선과 기부에 대한 인식과 교육이 미흡합니다. 이는 가정과 교회에서도 크게 다르지 않습니다.

기독교 자선 교육 교재 《세상을 바꾸는 씨앗》은 성경을 바탕으로 자선의 의미와 이유부터 구체적인 실천까지 다루고 있습니다. 어릴 때부터 말씀을 통해 자선과 기부에 관해 배우고 실천하다 보면, 성인이 되어서는 굳이 강조하지 않아도 자연스럽게 실천하게 될 것입니다. 부디 다음 세대가 본 교재를 통해 기부와 자선을 삶의 일부분으로 받아들이게 되기를 간절히 바랍니다.

자선과 기부를 통해 이 땅에서 하나님 나라를 경험하고, 또 경험케 하는 '세상을 바꾸는 씨앗'을 심는 자들이 되기를 축복합니다.

월드휴먼브리지 대표

김병삼

(가나다순)

이웃 사랑은 교회의 부차적인 기능이 아니라 본질적인 사명입니다. 《세상을 바꾸는 씨앗》은 그리스도인의 이웃 사랑을 위한 체계적이고 종합적인 안내서입니다. 이론적인 내용과 함께 구체적인 실천 방안까지 성경에 근거하여 제시하고 있습니다. 우리 자녀들이 성숙하고 균형 잡힌 그리스도인으로, 동시에 한국 사회의 건강한 민주 시민으로 자라가는 데 이 책이 큰 도움을 줄 것입니다. 이 교재가 한국 교회에 널리 사용되기를 바랍니다.

김경진 소망교회 담임목사

아이들에게 가르쳐야 할 중요한 것이 참 많습니다. 저는 그중 하나가 '돈'이라고 생각합니다. 돈이 무엇인지, 왜 중요한지, 그 한계는 무엇이며 어떻게 벌어야 하는지, 어떻게 관리해야 하는지 등등 가르쳐야 할 것들이 얼마나 많은지 모릅니다. 그중에서도 가장 중요한 것은 '어떻게 써야 하는가'입니다. 이를 어려서부터 가르치는 일은 너무나 중요합니다.

그런 의미에서 월드휴먼브리지에서 아이들을 위하여 《세상을 바꾸는 씨앗》이라는 교재를 만들어 출판하게 된 것이 얼마나 감사한지 모릅니다. 이 귀한 책자를 통하여 우리 아이들이 '세상을 바꾸는 씨앗'이 되기를 바라고, '세상의 복이 되는 아이들'로 자라게 되기를 기대합니다.

김동호 목사, 에스겔 선교회 대표

자선을 '특별'하게 생각하는 이들이 많습니다. 그러나 자선은 특별한 것이 아니라 '일상'입니다. 우리 가까이에 있습니다. 다만 잘 모를 뿐입니다. 특별히 기독교 자선 공과 교재를 통해 하나님 사랑, 이웃 사랑을 실천하는 자선이 일상에 가깝다는 것을 우리 다음 세대가 알기 원합니다. 그리고 더 나아가 자선을 통해 세상을 변혁할 거룩한 다음 세대가 일어나게 될 것을 기대합니다.

김종원 경산중앙교회 담임목사

세상에는 열매를 거두는 사람이 있고, 씨앗을 뿌리는 사람이 있습니다. 사람들은 열매에 관심을 두곤 하지만, 씨앗을 뿌리는 사람이 많아야 세상은 더욱 행복해집니다. 작고 연약한 씨앗이 어떻게 생명을 살리고 세상을 바꿀 수 있는지를 알아야 하고, 그 방법도 배워야 합니다. 귀한 교재를 통해 다음 세대들이 씨앗을 뿌리며, 세상을 바꾸는 인생으로 자라나길 축복합니다.

안광복 청주상당교회 담임목사

하나님을 향한 사랑은 이웃 사랑으로 드러나야 정상입니다. 예수님은 선한 사마리아인의 비유를 통해 이웃 사랑의 실제를 가르쳐 주셨습니다. 성경은 베풂으로 가득합니다. 그리스도인에게 자선은 선택이 아니라 필수입니다. 지금은 교회 담장을 넘은 사랑의 실천이 필요한 때입니다. 성경적 자선을 일상 속에서 실천함으로써 하나님 나라를 드러내는 그리스도인들이 많이 일어나기 바랍니다.

이규현 수영로교회 담임목사

예수님은 우리에게 새 계명을 주셨는데, 곧 하나님 사랑과 이웃 사랑입니다. 그리스도인은 하나님께 받은 사랑을 교회 담장 밖 이웃과 나누고 선한 영향력을 끼치며 살아야 합니다.《세상을 바꾸는 씨앗》은 유치부부터 청소년부까지 다음 세대에게 이웃, 특히 약한 사람을 왜, 어떤 태도로 도와야 하며 구체적으로 어떻게 도와야 하는지 성경적인 방법을 알려 줍니다.

어릴 때부터 공동체의 중요성을 가르치고, 타인을 배려하며, 소외된 사람을 섬기는 가치관을 심어 주는 자선 공과 교재가 나와서 너무나 기쁩니다. 선한 그리스도인은 위대해 보이지 않을지라도 예수님을 닮은 귀한 존재입니다. 믿음 안에서 자라는 우리 자녀들이 예수님과 함께 아름다운 씨앗을 심고, 그 씨앗이 열매를 맺어 세상을 풍요롭게 바꾸리라 믿습니다.

이재훈 온누리교회 담임목사

땅에 심긴 씨앗의 가치는 언제 알 수 있을까요? 싹이 움트고 자랄 때는 잘 모릅니다. 하지만 큰 나무가 되고 아름다운 열매를 맺을 때, 비로소 씨앗의 진정한 가치가 나타납니다.《세상을 바꾸는 씨앗》은 다음 세대 어린이와 청소년들 마음에 자선과 나눔이라는 소중한 씨앗을 심는 책입니다. 모두가 더불어 살아가는 하나님 나라를 만드는 데 밑거름이 되는 책입니다.《세상을 바꾸는 씨앗》이 믿음의 다음 세대와 그들을 섬기는 모든 이들의 삶 속에 귀한 영향력을 미치리라 소망하며 기쁜 마음으로 추천합니다.

임용택 안양감리교회 담임목사

어릴 때 경험하는 말씀 교육의 중요성은 아무리 강조해도 지나치지 않습니다. 많은 분이 외우고 있는 대부분의 성경 말씀은 주일학교 때 외운 말씀들이 아닐까 싶습니다. 이 교재를 통해 동일한 영향력이 많은 분에게 일어나기를 바랍니다. 어릴 때부터 '하나님 사랑'을 깨닫고 '이웃 사랑'으로 나누는 방법을 배운 아이들이 어른으로 자랄 때까지 계속해서 그 사랑을 실천하여 열매 맺기를 바랍니다. 열매를 맺기 위해서는 씨앗이 심겨야 하는데, 이 교재가 아이들 가슴속에 심어지는 귀한 씨앗이 되기를 바랍니다.

지성업 산성교회 담임목사

기획 의도 및 주제 해설

> 또 비유를 들어 이르시되 천국은 마치 사람이 자기 밭에 갖다 심은 겨자씨 한 알 같으니 이는 모든 씨보다 작은 것이로되 자란 후에는 풀보다 커서 나무가 되매 공중의 새들이 와서 그 가지에 깃들이느니라(마태복음 13:31-32).

한국 교회의 신뢰도가 급격히 추락함으로써 전도가 힘들어진 시대에 우리는 기독교인으로 살아가고 있습니다. 이러한 현상의 원인을 내부에서 찾자면 우리가 하나님의 말씀인 성경대로 살지 못했기 때문일 것입니다. 말씀 안에서의 앎과 삶이 일치하지 않았기 때문입니다. 즉 아는 대로 실천하며 살지 못했기 때문입니다. 설교를 자주 듣고 성경을 많이 읽었지만, 아는 대로 살지 못했다는 자기 반성이 필요한 시점입니다.

예수님의 가르침의 핵심은 바로 하나님 사랑과 이웃 사랑입니다.

> 예수께서 이르시되 네 마음을 다하고 목숨을 다하고 뜻을 다하여 주 너의 하나님을 사랑하라 하셨으니 이것이 크고 첫째 되는 계명이요 둘째도 그와 같으니 네 이웃을 네 자신같이 사랑하라 하셨으니 이 두 계명이 온 율법과 선지자의 강령이니라(마태복음 22:37-40).

우리는 지성과 감정과 의지로써, 즉 전인격을 다해 하나님을 사랑해야 합니다. 그리고 주변 이웃을 나 자신같이 사랑해야 합니다.

여기서 쓰인 "사랑"은 모두 헬라어 '아가페'를 번역한 것으로, 아가페란 조건 없이 베풀어 주시는 하나님의 무조건적인 사랑을 의미합니다. 하나님은 죄를 가장 미워하시는데, 죄인인 우리를 용서하시고 구원하시기 위해 하나밖에 없는 독생자 예수 그리스도를 십자가의 대속물로 죽게 하셨습니다. 바로 그 하나님의 끝없는 무조건적인 사랑을 우리가 받았습니다. 우리는 그 사랑을 받아 누린 자들입니다.

그런데 더 중요한 것은, 이 아가페의 사랑을 받은 사람은 동일하게 하나님과 이웃을 아가페의 사랑으로 사랑해야 한다는 것입니다. 하나님을 사랑하는 자는 이웃을 사랑하기 마련입니다. 하나님 사랑과 이웃 사랑은 연결되어 있습니다.

사도 요한은 이렇게 말합니다.

> 우리가 사랑함은 그가 먼저 우리를 사랑하셨음이라 누구든지 하나님을 사랑하노라 하고 그 형제를 미워하면 이는 거짓말하는 자니 보는 바 그 형제를 사랑하지 아니하는 자는 보지 못하는 바 하나님을 사랑할 수 없느니라(요한일서 4:19-20).

기독교 신앙은 하나님을 닮는 것입니다. 하나님이 우리를 사랑하셨으니 우리도 하나님을 닮아 사랑하는 삶을 살아야 마땅합니다. 예수님이 제자들의 발을 씻겨 주신 이유가 무엇입니까? 예수님이 본을 보여 주신 것처럼 제자들도 다른 사람의 발을 씻겨 주라는 것입니다(참조, 요한복음 13:14-15).

우리는 하나님의 아가페 사랑을 받은 만큼 이웃을 사랑으로 품지 못했던 부족한 모습을 반성하고, 이제는 가정과 학교와 직장과 지역 사회, 곧 세상에서 하나님의 아가페 사랑을 실천하며 빛과 소금으로 살아야 합니다. 이웃의 범위는 넓지만, 우리가 특별히 관심을 가져야 하는 우선 대상은 바로 사회적 약자입니다. 구약에서 하나님의 관심은 특별히 사회적 약자를 향해 있었습니다. 하나님은 그들을 품고 돌보고 실제적인 도움을 주면서 사랑을 베풀라고 말씀하셨습니다.

> 너희 중에 분깃이나 기업이 없는 레위인과 네 성중에 거류하는 객과 및 고아와 과부들이 와서 먹고 배부르게 하라 그리하면 네 하나님 여호와께서 네 손으로 하는 범사에 네게 복을 주시리라(신명기 14:29).

예수님은 이 땅에 오셔서 가난하고 소외되고 병들고 힘든 삶을 살았던 사회적 약자들의 친구가 되어 주셨고, 그들의 실제적인 필요를 채워 주시면서 사랑을 베푸셨습니다. 그러므로 우리도 사회적 약자들에게 특별한 관심을 가지고 아가페 사랑을 실천해야 합니다.

도움이 필요한 이웃에게 하나님의 아가페 사랑을 베푸는 구체적인 방법이 바로 '자선'입니다. 안타깝게도 한국 교계에서는 자선이 일회성 이벤트로 치부되고 있습니다. 부활절, 추수감사절, 성탄절과 같은 특별한 절기에 일회적으로 시행되는 경우가 많습니다. 그러나 자선은 이벤트가 아닌 일상이 되어야 합니다.

더욱 안타까운 것은 자선에 대한 교육 커리큘럼이나 프로그램이 전무하기에 일상 속에서 자선이 왜 필요한지, 성경적인 관점에서 자선이 어떤 것인지, 자선을 어떻게 구체적으로 실천할지를 모른다는 것입니다.

그러므로 하나님의 아가페 사랑을 실천하는 삶을 살기 위해서는 자선에 대한 체계적이고 종합적인 교육이 필요합니다. 이 교육은 어릴 때부터 시행해야 효과가 큽니다. "세 살 버릇 여든까지 간다"라는 속담이 있듯이 어릴 때 교육으로 습관화된 실천은 평생 지속되기 마련입니다.

이러한 이유로 한국 교회에서 자라나는 다음 세대에게 기독교 자선이 무엇이며, 어떤 태도와 방법으로 실천해야 하는지를 구체적으로 가르치고 안내하기 위해 본 교재를 기획했습니다.

본 교재의 특징은 다음과 같습니다.

첫째, 기독교 자선의 배경으로 하나님 사랑과 이웃 사랑을 제시합니다.

둘째, 이웃 사랑의 범위는 세상 모든 사람으로 확장해야 한다고 가르칩니다.

셋째, 도움이 필요한 이웃을 돕기 위해서는 무엇보다도 주님께 감사하는 태도와 넉넉한 배려심이 필요함을 가르칩니다.

넷째, 자선의 방법은 물질 기부와 재능 기부로 나누어 소개합니다.

마지막으로, 기독교인의 자선은 삶 자체로, 끝까지 완수해야 하는 사명임을 가르칩니다.

예수님은 "천국은 마치 사람이 자기 밭에 갖다 심은 겨자씨 한 알"(마태복음 13:31)과 같다고 말씀하셨습니다. 겨자씨는 아주 작은 씨앗입니다. 그러나 큰 생명을 품고 있습니다. 그래서 겨자씨가 "자란 후에는 풀보다 커서 나무가 되매 공중의 새들이 와서 그 가지에"(마태복음 13:32) 깃들게 되고, 나무는 또 다른 열매, 즉 씨앗을 맺습니다. 이처럼 한 사람이 누군가에게 자선을 베풀면, 그 사람이 또 다른 누군가에게 자선을 베풀게 될 것입니다. 자선은 "세상을 바꾸는 행복한 씨앗"입니다.

자선이란 고통과 아픔 가운데 있는 누군가의 삶 속에 하나님의 사랑과 위로와 소망을 전하는 고귀한 사명입니다. 그러므로 우리는 자선을 통해 하나님의 뜻을 이루어 가는 삶을 살아갈 수 있습니다. 자선을 행할 때 하나님의 사랑이 가득한 아름다운 세상이 이루어지기를 꿈꿉니다.

부모님께 드리는 말씀

저학년은 부모님의 학습지도가 필요합니다.

본 교재는 초등학교 3-4학년의 인지 능력을 기준으로 하였기 때문에, 저학년인 1~2학년은 교사와 부모님의 학습지도가 필요합니다. 교회에서 교사는 1~2학년의 인지 수준을 고려하여 학습을 지도하고, 아이들이 잘 수행하고 있는지를 관심을 갖고 확인할 것입니다. 가정에서 부모님은 아이가 '가정에서 하는 활동지'를 통해 오늘 말씀을 복습할 수 있도록 지도해 주시고, 글쓰기가 어려운 경우 글보다는 그림이나 말로 자신의 생각을 표현할 수 있도록 이끌어 주시기 바랍니다.

고학년은 자기 주도적으로 학습할 수 있도록 지도해 주세요.

'가정에서 하는 활동지'는 아이가 스스로 학습할 수 있는 자기 주도 학습 형태로 집필했습니다. 따라서 부모님은 아이에게 학습의 주도권을 주시고 스스로 해낼 수 있도록 격려해 주시기 바랍니다. 또한 학습 내용이 미흡하더라도 아이의 생각을 존중하고 관심을 가져 주신다면 자기 주도적으로 학습하는 데 자신감을 키울 수 있습니다.

오늘 아이가 배운 내용을 물어봐 주세요.

앞으로 6주 동안 아이는 '자선'에 대해 많은 것을 배우게 됩니다. 교회에서 집으로 돌아온 뒤에는 오늘 무엇을 배웠는지, 새롭게 알게 된 사실이 있는지, 부모님에게 알려 주고 싶은 것이 있는지, 어떻게 실천하고 싶은지 등 아이의 학습을 확인하고 소통해 주시기 바랍니다.

부모님의 자선 경험을 적극적으로 공유해 주세요.

자선은 실천 영역에 해당합니다. 아이들이 학습하는 동안 주변에서 실천하고 있는 실제 자선 사례들을 접한다면, 자선 교육의 효과를 극대화할 수 있습니다. 부모님의 자선 경험을 아이들에게 적극적으로 공유해 주시고, 가족이 함께 실천할 자선 계획을 수립 및 실행해 보시기 바랍니다.

교회에 갈 때 아동용 교재를 지참해야 합니다.

아동용 교재에는 '교회에서 하는 활동지'가 포함되어 있으므로, 아이가 교회에 갈 때 반드시 아동용 교재를 지참할 수 있도록 안내해 주시기 바랍니다.

한눈에 보는 '세상을 바꾸는 씨앗'

'기독교 자선 교육'이란 성경의 가르침을 따라 하나님 사랑, 이웃 사랑을 실천하는 자선가를 양성하는 교육입니다. 기독교 자선 교육에서는 사회의 주체이자 구성원으로서 공동체, 타인에 대한 존중, 소외된 이웃이 겪는 문제 및 자선 방법, 함께 살아가는 방법 등을 학습하여 자선에 관해 책임 있는 일원으로 키우고자 합니다.

교육 목표

첫째, 자선에 대한 개념 및 필요성을 성경적 · 사회적인 측면에서 이해할 수 있도록 정보를 제공하여 균형 잡힌 관점을 갖도록 합니다.

둘째, 사랑하는 마음, 연대감, 함께 살아가는 사회에 대한 학습을 통해 공동체의 일원으로서 다양한 사회적 어려움에 관해 관심과 책임감을 갖도록 합니다.

셋째, 자선의 다양한 방법에 대한 기본 지식을 습득하고, 나아가 자신의 상황에 맞는 자선 방법을 탐색 및 실천하도록 역량을 강화합니다.

아동용 교재 특징

초등학생을 대상으로 합니다.

본 교재는 초등학생 대상으로 집필되었습니다. 특히 저학년(1~3)과 고학년(4~6)의 수준 차이를 고려하여 3-4학년의 인지 능력을 기준으로 하였습니다.

교회 및 가정에서 하는 활동지로 구성되어 있습니다.

'교회에서 하는 활동지'는 교회에서 예배 전, 예배 후에 실행하는 소그룹 및 대그룹 활동지입니다. '가정에서 하는 활동지'는 배운 내용을 일상에 적용하고 구체적으로 실천하도록 돕는 자기 주도 학습을 제시합니다.

〈쉬운성경〉을 사용합니다.

아이들이 성경 이야기를 보다 잘 파악하고 이해할 수 있도록 〈쉬운성경〉(아가페)을 사용합니다.

6주간 교육이 진행됩니다.

본 자선 교육은 한 주에 한 번, 주일을 기준으로 하여 총 6주간 진행되는 교육 과정으로 설계되었습니다.

구성과 활용 가이드

《세상을 바꾸는 씨앗》 워크북은 공과 시간에 배운 내용을 일상에 적용하여 실천해 보도록 구성되었습니다. 자기 주도 학습을 통해 지식적인 성경 학습을 넘어서 자선에 참여하여 지속적인 변화를 경험하는 어린이 자선가가 되기로 다짐합니다.

한눈에 보는 구성

말씀활동 → 말씀읽기 → 말씀네컷 → 말씀적용

교회에서	가정에서		
말씀활동	말씀읽기	말씀네컷	말씀적용

교재 활용 가이드

교회에서 하는 활동지

각 과별로 교회 활동 시간에 필요한 내용이 담겨 있어요. 선생님의 지도에 따라 학습해요.

- **말씀활동**

오늘의 말씀과 관련된 활동을 선생님, 친구들과 함께해요.

가정에서 하는 활동지

집에 돌아와 교회에서 배운 내용을 스스로 묵상하고 실천해 보는 내용이 담겨 있어요. 스스로 학습한 내용을 다음 주 교회에서 선생님, 친구들과 나눠 보세요.

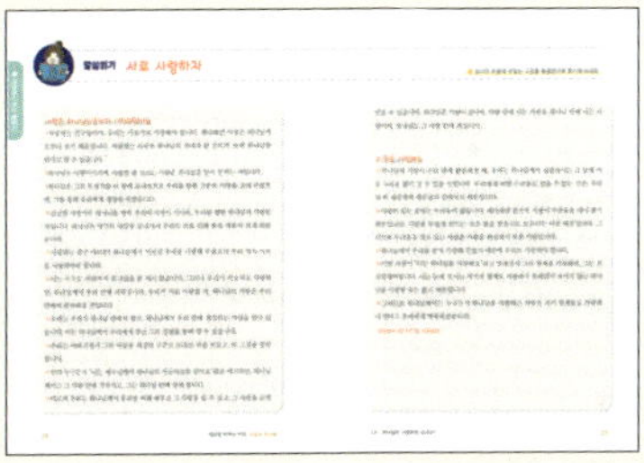

● 말씀읽기

오늘의 성경말씀을 읽으며 마음에 와닿는 구절을 형광펜으로 표시해 보세요.

● 말씀네컷

오늘 교회에서 배운 말씀 그림을 보고, 떠오르는 내용을 적어 보세요.

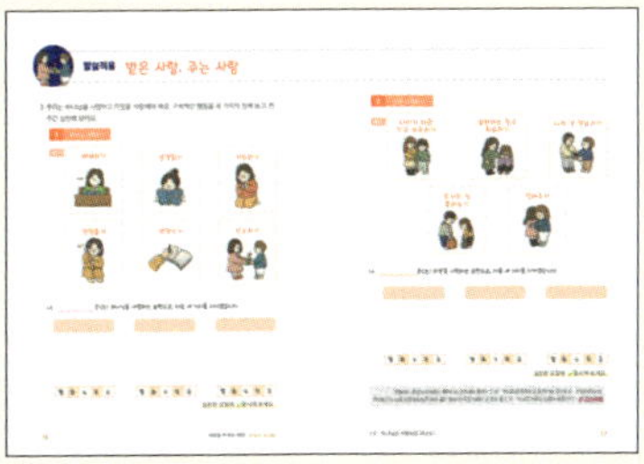

● 말씀적용

배운 내용을 나의 삶에 적용하고 실천해 보세요.

중심 구절 사랑하는 자들아 하나님이 이같이 우리를 사랑하셨은즉 우리도 서로 사랑하는 것이 마땅하도다 (요한일서 4:11)

성경 본문 요한일서 4장 7-21절

학습 목표

- 하나님 사랑과 이웃 사랑이 자선의 출발임을 알아가요.
- 하나님 사랑과 이웃 사랑이 연결되어 있음을 알아가요.

1과

하나님만 사랑하면 되나요?

말씀읽기 서로 사랑하자

사랑은 하나님으로부터 시작되었어요

7 사랑하는 친구들이여, 우리는 서로서로 사랑해야 합니다. 왜냐하면 사랑은 하나님께
로부터 오기 때문입니다. 사랑하는 사람은 하나님의 자녀가 된 것이며, 또한 하나님
을 안다고 할 수 있습니다.
8 하나님은 사랑이시기에, 사랑할 줄 모르는 사람은 하나님을 알지 못하는 자입니다.
9 하나님은 그의 독생자를 이 땅에 보내심으로 우리를 향한 그분의 사랑을 보여 주셨으
며, 그를 통해 우리에게 생명을 주셨습니다.
10 진실한 사랑이란 하나님을 향한 우리의 사랑이 아니라, 우리를 향한 하나님의 사랑인
것입니다. 하나님은 당신의 아들을 보내셔서 우리의 죄를 위해 화목 제물이 되게 하
셨습니다.
11 사랑하는 친구 여러분! 하나님께서 이처럼 우리를 사랑해 주셨으니 우리 역시 서로
를 사랑해야만 합니다.
12 어느 누구도 여태까지 하나님을 본 적이 없습니다. 그러나 우리가 서로서로 사랑하
면, 하나님께서 우리 안에 거하십니다. 우리가 서로 사랑할 때, 하나님의 사랑은 우리
안에서 완전해질 것입니다.
13 우리는 우리가 하나님 안에서 살고, 하나님께서 우리 안에 계신다는 사실을 알고 있
습니다. 이는 하나님께서 우리에게 주신 그의 성령을 통해 알 수 있습니다.
14 우리는 아버지께서 그의 아들을 세상의 구주로 보내신 것을 보았고, 또 그것을 증언
합니다.
15 만약 누구든지 "나는 예수님께서 하나님의 아들이심을 믿어요"라고 얘기하면, 하나님
께서는 그 사람 안에 거하시고, 그는 하나님 안에 살게 됩니다.

16 이로써 우리는 하나님께서 우리를 위해 베푸신 그 사랑을 알 수 있고, 그 사랑을 굳게
믿을 수 있습니다. 하나님은 사랑이십니다. 사랑 안에 사는 사람은 하나님 안에 사는
사람이며, 하나님도 그 사람 안에 계십니다.

이웃을 사랑해요

17 하나님의 사랑이 우리 안에 완전해질 때, 우리는 하나님께서 심판하시는 그 날에 아
무 두려움 없이 설 수 있을 것입니다. 우리에게 어떤 두려움도 있을 수 없는 것은, 우
리가 이 세상에서 예수님과 같아지기 때문입니다.
18 사랑이 있는 곳에는 두려움이 없습니다. 왜냐하면 완전한 사랑이 두려움을 내어 쫓기
때문입니다. 사람을 두렵게 만드는 것은 벌을 받을지도 모른다는 마음 때문입니다.
그러므로 두려움을 갖고 있는 사람은 사랑을 완성하지 못한 사람입니다.
19 하나님께서 우리를 먼저 사랑해 주셨기 때문에 우리도 사랑해야 합니다.
20 어떤 사람이 "나는 하나님을 사랑해요"라고 말하면서 그의 형제를 미워하면, 그는 거
짓말쟁이입니다. 이는 눈에 보이는 자기의 형제도 사랑하지 못하면서 보이지 않는
하나님을 사랑할 수는 없기 때문입니다.
21 그러므로 하나님께서는 누구든지 하나님을 사랑하는 사람은 자기 형제들도 사랑해
야 한다고 우리에게 명령하셨습니다.

요한일서 4장 7-21절, 아가페 쉬운성경

말씀네컷

★ 다음 그림은 오늘 교회에서 배운 말씀 그림이에요.
각 그림마다 떠오르는 내용을 적어 보세요.

1.

2.

3.

4.

★ 정답은 77쪽에 있어요.

말씀적용 받은 사랑, 주는 사랑

1. 하나님이 나를 사랑하심을 느꼈던 순간을 떠올려 보세요. 언제였는지 적어 보세요.

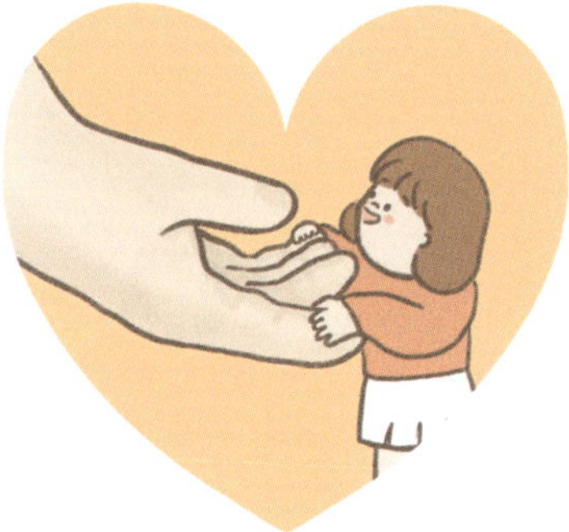

2. 이웃이 나에게 베풀어 준 사랑의 행동을 떠올려 보세요. 언제였는지 적어 보세요.

3. 우리는 하나님을 사랑하고 이웃을 사랑해야 해요. 구체적인 행동을 세 가지씩 정해 보고, 한 주간 실천해 보아요.

1 하나님 사랑하기

예시

예배하기

성경 읽기

기도하기

찬양 듣기

성경 쓰기

전도하기

나, ______________ 은(는) 하나님을 사랑하는 표현으로, 다음 세 가지를 지키겠습니다.

월	화	수	목	금

월	화	수	목	금

월	화	수	목	금

실천한 요일에 ✓표시해 보세요.

2 이웃 사랑하기

예시

다리가 아픈 친구 부축하기

슬퍼하는 친구 위로하기

나의 것 양보하기

무거운 짐 들어주기

안아주기

나, ______________ 은(는) 이웃을 사랑하는 표현으로, 다음 세 가지를 지키겠습니다.

월	화	수	목	금

월	화	수	목	금

월	화	수	목	금

실천한 요일에 ✓ 표시해 보세요.

중심 구절 예수께서 이르시되
가서 너도 이와 같이 하라 하시니라 (누가복음 10:37b)

성경 본문 누가복음 10장 25-37절

학습 목표

- 모든 사람이 나의 이웃임을 알아가요.
- 어려움을 겪는 소외된 이웃들에게 관심을 가져요.

2과

이 사람도 이웃인가요?

말씀활동 이웃카드

어려움을 겪는 이웃들을 찾아보고,
내가 찾은 이웃을 소개하는 글을 적어 선생님과 친구들에게 소개해요.

★ 책 뒤에 있는 부록에서 오려서 사용하세요.

말씀읽기 이웃인 줄 몰랐던 이웃

읽으며 마음에 와닿는 구절을 형광펜으로 표시해 보세요.

율법교사가 예수님께 질문했어요

25 어떤 율법학자가 일어나 예수님을 시험하려고 말했습니다. "선생님, 제가 무엇을 하
여야 영생을 얻을 수 있습니까?"
26 예수님께서 그에게 물으셨습니다. "율법에 무엇이라고 기록되어 있느냐? 너는 어떻
게 읽었느냐?"
27 율법학자가 대답하였습니다. "'네 모든 마음과 모든 목숨과 모든 힘과 모든 뜻을 다해
주 네 하나님을 사랑하라'고 하였고, 또한 '네 이웃을 네 몸같이 사랑하라'고 하였습
니다."
28 예수님께서 그에게 말씀하셨습니다. "네 대답이 옳다. 이것을 행하여라. 그러면 살 것
이다."
29 이 사람이 자기를 옳게 보이고 싶어서, 예수님께 말했습니다. "그러면 누가 제 이웃입
니까?"

선한 사마리아인의 이야기

30 예수님께서 대답하셨습니다. "어떤 사람이 예루살렘에서 여리고로 내려가고 있었다.
그런데 도중에 강도를 만났다. 강도들은 이 사람의 옷을 벗기고 때려서 거의 죽은 채
로 버려두고 갔다.
31 마침 한 제사장이 그 길을 내려가다가 그 사람을 보고는 길 반대편으로 피해서 지나
갔다.
32 어떤 레위인도 그 곳에 와서 그 사람을 보고는 길 반대편으로 피해서 지나갔다.
33 이번에는 어떤 사마리아 사람이 그 길을 여행하다가 그가 있는 곳에 이르렀다. 사마
리아 사람이 그를 보고 불쌍하게 여겼다.

34 그래서 그 사람에게로 가서 그의 상처에 올리브기름과 포도주를 붓고 붕대로 감쌌
다. 그리고 그를 자기의 짐승에 태우고 여관으로 데리고 가서 그를 정성껏 보살펴
주었다.
35 다음 날, 그는 은화 두 개를 여관 주인에게 주면서 말했다. '이 사람을 잘 보살펴 주세
요. 만일 돈이 더 들면 내가 돌아올 때 갚겠습니다.'
36 너는 이 세 사람들 중에 누가 강도 만난 자의 이웃이라고 생각하느냐?"
37 율법학자가 대답했습니다. "그에게 자비를 베풀어 준 사람입니다." 그러자 예수님께
서 그에게 말씀하셨습니다. "가서 똑같이 하여라!"

누가복음 10장 25-37절, 아가페 쉬운성경

말씀네컷

다음 그림은 오늘 교회에서 배운 말씀 그림이에요.
각 그림마다 떠오르는 내용을 적어 보세요.

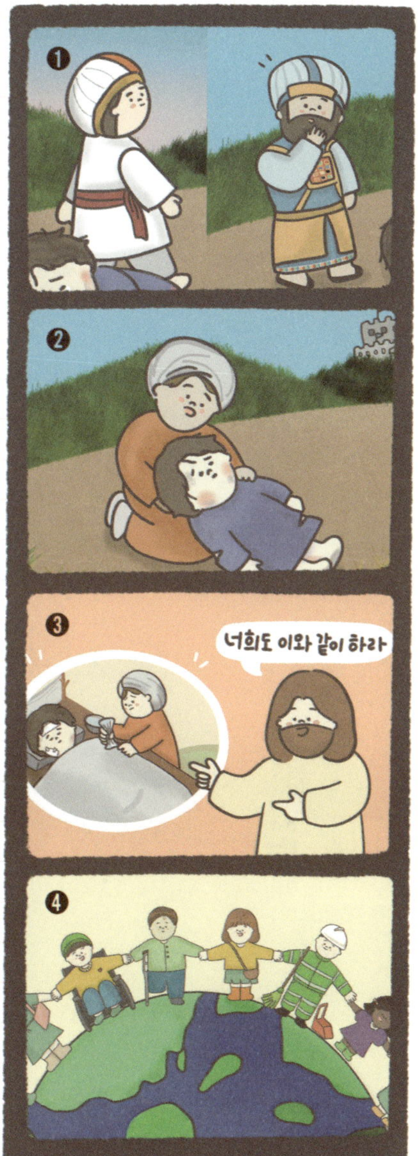

★ 정답은 77쪽에 있어요.

1.

2.

3.

4.

말씀적용 무슨 지도일까?

1. 여기에 나라별로 색깔이 표시된 한 지도가 있습니다. 어떤 기준으로 색깔이 표시된 것일까요?

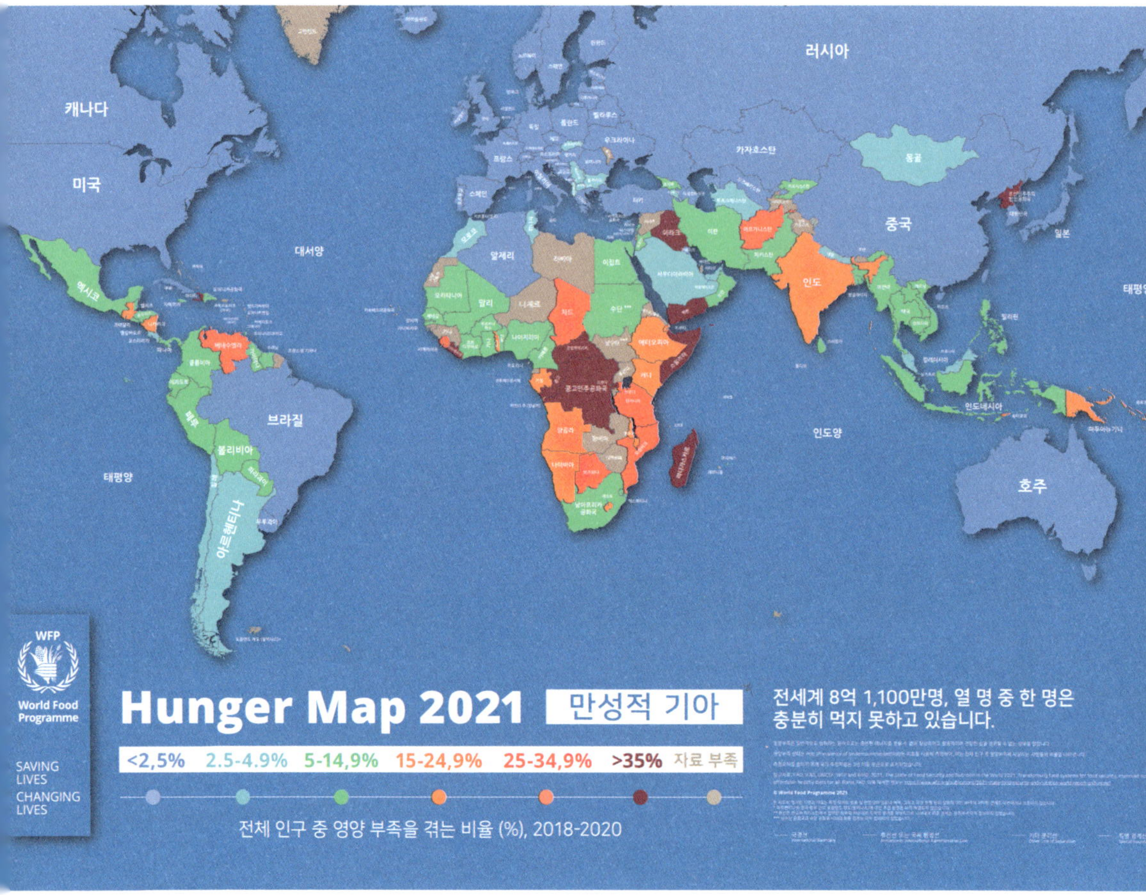

출처 : 유엔세계식량계획 WFP

◎ 우리나라 위치를 찾아 동그라미(○)로 표시해 보세요.

◎ 나라별로 색깔이 표시되어 있습니다. 다음 색깔이 표시된 나라를 두 곳씩 찾아 적어 보세요.

◎ 나라별로 표시된 색깔은 그 나라의 굶주림 문제가 어느 정도인지를 나타내고 있어요. 굶주림 문제가 심각할수록 파란색과 붉은색 중 어느 쪽에 더 가까울까요?

◎ 붉은 색으로 표시된 나라들을 찾아 세모(△)로 표시해 보세요.

◇◇◇ 지도에 대한 설명

이 지도는 UN세계식량계획(World Food Programme)에서 발표한 '2021 세계 굶주림 지도(Hunger Map)'입니다. '식량'은 우리가 살아가는 데 반드시 필요합니다. 그런데 지구촌에는 식량 문제를 겪는 이웃들이 많이 있어요. 이 지도에서는 나라별로 식량 문제가 심각한 정도를 색깔로 표시하고 있습니다. 파란색에 가까울수록 식량이 넉넉하고, 붉은색에 가까울수록 심각한 굶주림에 시달리고 있음을 의미합니다.

지도에서 보면, 우리나라는 파란색으로 표시되어 있어요. 즉, 평균적으로 우리나라는 굶주림의 정도가 양호한 편임을 알 수 있습니다. 반면, 아이티, 라이베리아, 이라크, 중앙아프리카공화국, 콩고민주공화국, 르완다, 마다가스카르, 소말리아, 예멘, 그리고 우리나라와 맞닿아 있는 북한이 붉은색으로 표시되어 있습니다. 그 외에 초록색과 주황색으로 표시된 나라들도 상당히 많지요. 이런 나라들은 식량 문제를 겪는 사람들이 많은 곳이에요. 이렇게 먹는 문제로 고통받는 사람들은 세계 인구의 1/10에 해당되는 약 8억 1천 1백만(811,000,000) 명 정도입니다. 즉, 전 세계 사람들을 한곳에 모았을 때, 열 명 중 한 명은 먹을 것이 없어 굶주리고 있다는 뜻입니다. 우리는 이 지도를 통해 생각보다 많은 사람들이 배고픔에 허덕이고 있음을 알 수 있어요.

2021년 헝거맵
★ 지도를 확대해서 볼 수 있어요.

2. 다음은 각 나라의 의료 수준을 나타낸 지도입니다. 색의 진함 정도에 따라 나라별 방역 수준을 나타내고 있어요. '코로나19'가 우리나라뿐만 아니라 전 세계를 괴롭혔는데, 모든 나라들이 전염병에 잘 대처하였을까요?

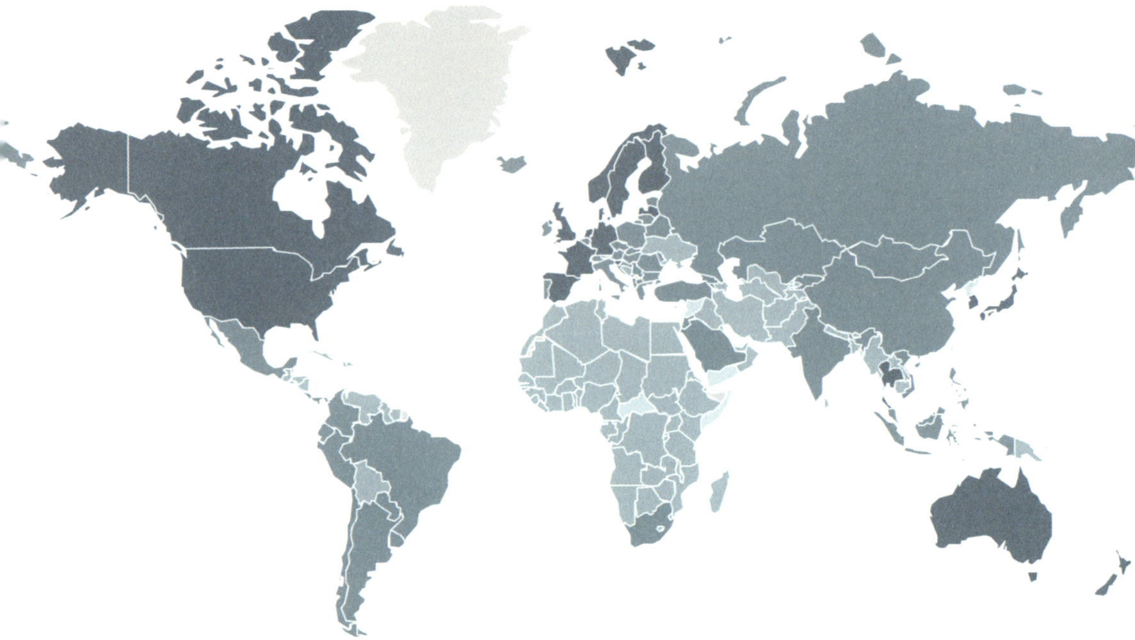

출처 : GHS, Global Health Security Index

◎ 앞의 지도와 비교하여 추측해 볼 때, 색이 진하게 표시된 나라들의 방역 수준은 어떨까요?

◎ 우리나라는 색이 진한 편인가요, 옅은 편인가요?

◎ 옅은 색으로 표시된 나라들에 세모(△)로 크게 표시해 보세요.

◎ 앞의 지도에서 굶주림 문제가 심각하다고 표시된 나라들의 의료 수준은 어떤가요? 비슷하다면, 왜 그럴까요?

◇◇◇ 지도에 대한 설명

이 지도는 세계보건안전지수(Global Health Security Index)에서 발표한 '2021 세계 보건 안전 지도'입니다. 나라별로 코로나와 같은 전염병에 대한 방역 수준을 평가하여 색깔로 표시했어요. 표시된 색이 진할수록 전염병에 대처할 수 있는 시스템이 잘 갖춰져 있음을 의미하고, 색이 옅을수록 전염병이 와도 막기 어려운 상황임을 나타냅니다.

지도에서 보면, 우리나라는 가장 진한 색으로 표시되어 있어요. 즉, 평균적으로 우리나라의 의료 시스템이 전염병을 잘 대처할 수 있음을 알 수 있습니다. 반면, 옅은 색으로 표시된 나라들도 상당히 많습니다. 즉, 이런 나라들은 콜레라, 뎅기열, 홍역, 장티푸스, 코로나와 같은 다양한 전염병들을 잘 대처하지 못하고 있습니다.

3. 두 지도를 보고 어떤 것들을 알게 되었나요? 자유롭게 적어 보세요.

4. 우리 이웃이 겪고 있는 문제들 중 굶주림, 전염병 외에 다른 어떤 것들이 있을까요?

2021 세계 보건 안전 지도
★ 지도를 확대해서 볼 수 있어요.

중심 구절 네가 밭에서 곡식을 벨 때에 그 한 뭇을 밭에 잊어버렸거든 다시 가서 가져오지 말고 나그네와 고아와 과부를 위하여 남겨두라 그리하면 네 하나님 여호와께서 네 손으로 하는 모든 일에 복을 내리시리라 (신명기 24:19)

성경 본문 신명기 24장 19-22절

학습 목표

- 자선의 바른 마음가짐과 태도가 무엇인지 알아가요.
- 자선을 할 때 나의 태도가 바른지 점검해요.

3과

어떤 태도로 도와야 하나요?

말씀활동 내가 구덩이에 빠진 사람이라면?

여기 어려움에 처한 사람을 도와주는 두 가지 모습이 있습니다. 내가 구덩이에 빠진 사람이라면, 어떤 모습의 도움이 더 필요할까요? 두 그림을 보고, 어려움이 있는 이웃을 도울 때 필요한 태도에 대해 생각해 봅시다.

캄캄한 곳에
혼자 있느라 무서웠겠어.
나도 내려와 보니 무섭네.
안심해.
이제 너는 혼자가 아니야!
도와주세요!
혼자서 할 수 있는 게 없어요!
어떻게 해야 할지 모르겠어요!

말씀읽기 위하여 남겨 두라

읽으며 마음에 와닿는 구절을 형광펜으로 표시해 보세요.

나그네와 고아와 과부를 돌보아요

19 밭에서 추수할 때에 곡식 한 다발을 잊어버리고 왔더라도 돌아가서 다시 가져오지
마시오. 외국인과 고아와 과부가 가지게 내버려 두시오. 그러면 여러분의 하나님 여
호와께서 여러분이 하는 모든 일에 복을 주실 것이오.
20 올리브 나무를 흔들어 열매를 떨어뜨린 후에 그 가지를 또다시 살피지 마시오. 남은
열매는 외국인과 고아와 과부가 가지게 내버려 두시오.
21 포도밭에서 포도를 딸 때도 따고 남은 것을 또 따지 마시오. 남은 포도는 외국인이나
고아와 과부가 가지게 내버려 두시오.
22 여러분도 이집트에서 종살이했던 것을 기억하시오. 그 때문에 내가 여러분에게 이렇
게 명령하는 것이오.

신명기 24장 19-22절, 아가페 쉬운성경

말씀네컷

★ 다음 그림은 오늘 교회에서 배운 말씀 그림이에요.
각 그림마다 떠오르는 내용을 적어 보세요.

1.

2.

3.

4.

★ 정답은 77쪽에 있어요.

말씀적용 바르게 도와요

오늘 말씀을 기억하고, 다음 상황에서 주인공의 자선 태도를 바르게 바꿔 주세요.

✚ 내가 장애인이라면, 어떻게 대해 주기를 바랄까요? 장애인의 입장에서 생각해 보아요.

✚ 자선은 내가 남보다 우월해서가 아니라, 이웃을 사랑하기 때문에 돕는 거예요.

✚ 우리가 가진 것에는 하나님이 어려운 이웃을 도우라고 나에게 맡겨 주신 분량이 있어요. 그래서 기꺼이 나눌 수 있어요.

✚ 어려움이 있을 때마다 나를 도와주시는 하나님께 감사하는 마음으로 다른 사람들의 어려움을 도와요.

중심 구절 이제 너희의 넉넉한 것으로 그들의 부족한 것을 보충함은 후에 그들의 넉넉한 것으로 너희의 부족한 것을 보충하여 균등하게 하려 함이라 (고린도후서 8:14)

성경 본문 고린도후서 8장 1-15절

학습 목표

- 물질로 돕는 자선의 다양한 방법을 찾아요.
- 한 주간 동안 물질로 돕는 자선의 방법을 실천해요.

4과

무엇으로 도울 수 있나요?

말씀활동 스템프 카드

각 주제별 부스를 방문하여 설명을 듣고 스탬프를 받으세요.

1. 가장 기억에 남는 자선 단체들을 적어 보세요.

2. 자선 박람회에 참가한 후 느낀 점을 적어 보세요.

말씀읽기 슬기로운 기부 생활

✦ 읽으며 마음에 와닿는 구절을 형광펜으로 표시해 보세요.

마케도니아 교회는 열심히 베풀었어요

1 성도 여러분, 하나님께서 마케도니아에 있는 교회들에게 베푸신 은혜를 여러분에게
알려 드리겠습니다.
2 마케도니아 지역 교회들은 심한 환난을 겪으면서도 기쁨이 넘쳤으며, 극심한 가난 속
에 시달리면서도 헌금을 많이 하였습니다.
3 나는 그들이 할 수 있는 만큼만 아니라 능력 이상의 것을 드렸다고 확실하게 말할 수
있습니다. 그것도 자원해서 말입니다.
4 그 교회들은 이런 은혜와 성도들을 섬기는 일에 자기들도 참여하게 해 달라고 우리들
에게 간절히 부탁하였습니다.
5 그들은 우리가 기대했던 것 이상으로 먼저 자신을 주님께 드리고 난 후에 하나님
의 뜻대로 우리에게도 주었던 것입니다.

우리도 열심히 베풀어요

6 그래서 우리는 디도가 일찍이 여러분 가운데서 시작한 이 은혜로운 일을 완수하라고
그를 권했습니다.
7 여러분은 믿음이나 말에 있어서만 아니라, 지식이나 간절한 마음에서, 그리고 우리를
향한 사랑 등 모든 면에서 뛰어납니다. 그러니 여러분은 이 헌금하는 일에 있어서도
뛰어나게 하시기를 바랍니다.
8 내가 여러분에게 명령하는 것은 아닙니다. 다만 여러분의 사랑이 얼마나 진실한가를
다른 사람들의 간절한 마음과 비교하여 알아보고 싶은 것뿐입니다.

9 여러분은 우리 주 예수 그리스도의 은혜를 알고 있습니다. 그분은 부요한 분이시지
만, 여러분을 위해 가난하게 되셨습니다. 그분이 가난하게 되심은 여러분을 부요케
하기 위함이었습니다.
10 이 문제에 대해 내 의견을 제시하겠습니다. 이 의견이 여러분에게 유익함을 줄 것입
니다. 여러분은 일 년 전에 먼저 헌금을 하기 시작했을 뿐더러 그것을 간절히 원하기
도 하였습니다.
11 이제는 하던 일을 마무리 하십시오. 시작할 때와 마찬가지로 여러분이 가지고 있는
것으로 마치는 것도 간절하게 하십시오.
12 원하는 마음으로 있는 것을 바칠 때는 하나님께서 받으실 것입니다. 여러분에게 있지
도 않은데 바치는 것을 받으시지는 않습니다.
13 다른 사람들은 편하게 하고 여러분은 어렵게 하려고 내가 이러는 것이 아니라 공평
하게 하려는 것뿐입니다.
14 지금 여러분에게 있는 풍성한 것으로 다른 사람들의 궁핍한 것을 채워 주면, 나중에
그들에게 있는 풍성한 것으로 여러분의 궁핍한 것이 채워질 것입니다. 이렇게 해서
공평하게 될 수 있습니다.
15 성경에도 이런 말씀이 기록되어 있습니다. "많이 거둔 자도 지나치게 많지 않고, 적게
거둔 자도 부족함이 없다."

고린도후서 8장 1-15절, 아가페 쉬운성경

말씀네컷

다음 그림은 오늘 교회에서 배운 말씀 그림이에요.
각 그림마다 떠오르는 내용을 적어 보세요.

1.

2.

3.

4.

★ 정답은 77쪽에 있어요.

말씀적용 나도 물질 기부해 봤다!

1. 이번 한 주간 실천할 수 있는 물질 기부를 계획해 볼까요? 다음 예시처럼 적어 보세요.

누구를 도울 건가요?	
어떤 경로로 도울 건가요?	
무엇을 줄 건가요?	
얼마를 사용할 예정인가요?	
언제 실천할 건가요?	

예시

누구를 도울 건가요?	집이 없어 길에서 자야 하는 노숙인들
어떤 경로로 도울 건가요?	자선 단체를 통해 도울 거예요.
무엇을 줄 건가요?	지하철 역 앞 <빅이슈> 잡지를 구매할래요.
얼마를 사용할 예정인가요?	한달에 한 번 5,000원이 들어요.
언제 실천할 건가요?	화요일 오후 5시, 학교 가는 길에 살 거예요.

2. 물질 기부를 실천하고, 나의 경험을 사진 일기로 기록해 보세요. 그리고 다음 주에 선생님, 친구들과 나눠 보아요.

날짜 :

(사진 붙이는 곳)

중심 구절 그 주인이 이르되 잘하였도다 착하고 충성된 종아 네가 적은 일에 충성하였으매 내가 많은 것을 네게 맡기리니 네 주인의 즐거움에 참여할지어다 하고 (마태복음 25:21)

성경 본문 마태복음 25장 14-30절

학습 목표

- 재능으로 돕는 자선의 다양한 방법을 찾아요.
- 한 주간 동안 재능으로 돕는 자선의 방법을 실천해요.

5과

또 다른 기부 방법이 있나요?

말씀활동 나의 재능은?

★ 다음 중 나에게 해당하는 것들에 동그라미를 표시해 보세요.

환경 문제에 관심이 많고, 해결하고 싶어요.	주제를 가지고 서로의 생각을 말하는 토론을 좋아해요.	어려운 수학 문제를 풀어내면 속이 시원하면서 기분이 좋아요.	10년 뒤에 사회가 어떻게 변할지 미리 보고 싶어요.
가만히 있는 것보다 몸을 움직이면 더 상쾌해져요.	그림 그리는 것을 좋아해요.	악기를 연주하는 것이 즐거워요.	다른 사람과의 약속을 지키려고 노력해요.
왜 전쟁이 일어나는지 알고 싶어요.	외국어를 배워서 외국인과 이야기하는 게 재밌어요.	내가 길에서 어느 위치에 서 있는지 잘 알아요.	체육 과목이 제일 좋아요.
다른 사람의 연주나 노래를 들으면 어떤 점이 부족한지 알 수 있어요.	사람은 왜 죽는지에 대해 생각해 본 적 있어요.	물건을 조립하거나 분해하는 것이 재밌어요.	악보를 보면 그 곡의 멜로디를 어느 정도 알 수 있어요.
책을 읽고, 글 쓰는 것을 좋아해요.	운동 경기를 보면 시간 가는 줄 모르고 빠져들어요.	맞춤법을 잘 알아요.	등산을 자주 가요.
어떤 운동이라도 자신 있어요.	수업 시간에 필기를 잘 정리하는 편이에요.	혼자 공부하는 것보다 같이 공부하는 것이 좋아요.	멋진 자동차를 좋아해요.

살다 보면 슬픈 일도 있고 기쁜 일도 있는 거라고 생각해요.	물건의 가격을 잘 계산하는 편이에요.	아침에 잘 일어나는 편이에요.	다른 사람들이 어떤 옷을 입었는지 잘 기억하는 편이에요.
다른 사람들의 기분을 잘 알아차리는 편이에요.	처음 듣는 노래여도 금방 배우는 편이에요.	사람은 왜 사는지 궁금해요.	친구들이 싸우면 잘 화해시켜요.
몸의 균형을 잘 잡고 유연한 편이에요.	동물에 대한 정보를 많이 알고 있어요.	발표하거나 말하는 게 어렵지 않아요.	동물이나 식물을 좋아하고 잘 돌봐 주어요.
노래 부르는 것을 좋아해요.	수학이나 과학 과목을 좋아해요.	기독교의 역사가 궁금해요.	친구들의 고민을 들어주는 것을 좋아해요.
친구가 슬퍼하면 나도 똑같은 일을 당한 것처럼 슬퍼요.	내 방을 직접 예쁘게 꾸미고 싶어요.	식물에 대한 정보를 많이 알고 있어요.	추리하는 이야기를 좋아해요.
일기를 매일 또는 자주 써요.	동물이나 식물이 무엇을 원하는지 알 것 같아요.	최근 유행하는 음악은 다 알아요.	머리가 달라지면 금방 알아봐요.

말씀읽기 슬기로운 재능 기부

주인이 달란트를 맡겨요

14 "하늘나라는 여행을 떠날 때, 종들을 불러서 자기 재산을 맡긴 사람과 같다.
15 주인은 종들의 능력에 따라, 어떤 사람은 다섯 달란트를, 어떤 사람에게는 두 달란트
를, 또 어떤 사람에게는 한 달란트를 맡기고 여행을 떠났다.
16 다섯 달란트를 받은 종은 얼른 가서, 그것으로 장사를 하였다. 그래서 다섯 달란트를
더 벌었다.
17 마찬가지로 두 달란트를 받은 종도 두 달란트를 더 벌었다.
18 그러나 한 달란트를 받은 종은 나가서 땅을 파고 그 곳에 주인의 은돈을 숨겼다.

다섯 달란트, 두 달란트 받은 종

19 세월이 오래 지난 뒤에, 종들의 주인이 집에 돌아와서 종들과 셈을 하였다.
20 다섯 달란트를 받았던 종이 다섯 달란트를 더 가지고 와서 말했다. '주인님, 제게 다
섯 달란트를 맡기셨는데, 보십시오. 다섯 달란트를 더 벌었습니다.'
21 주인이 대답했다. '참 잘했구나. 너는 착하고 신실한 종이다. 네가 작은 것에 최선을
다했으니 내가 훨씬 더 많은 것을 너에게 맡기겠다. 주인과 함께 기쁨을 누려라.'
22 두 달란트를 받았던 종도 와서 말했다. '주인님, 제게 두 달란트를 맡겨 주셨는데, 보
십시오. 두 달란트를 더 벌었습니다.'
23 주인이 그에게 대답했다. '참 잘했구나. 너는 착하고 신실한 종이다. 네가 작은 것에 최
선을 다했으니, 내가 훨씬 더 많은 것을 너에게 맡기겠다. 주인과 함께 기쁨을 누려라.'

읽으며 마음에 와닿는 구절을 형광펜으로 표시해 보세요.

한 달란트 받은 종

24 그리고 한 달란트를 받았던 종이 주인에게 와서 말했다. '주인님, 저는 주인님이 심지
않은 데서 거두고, 씨 뿌리지 않은 데서 거두는 완고한 분이라 생각했습니다.
25 그래서 두려운 마음으로 밖에 나가 돈을 땅에 숨겼습니다. 이제 주인님이 제게 주
신 돈을 도로 받으십시오.'
26 주인이 대답했다. '이 악하고 게으른 종아! 너는 내가 심지도 않은 데서 거두어 들이
고, 씨 뿌리지 않은 곳에서 거두어 들인다고 생각했느냐?
27 그렇다면 너는 내 돈을 은행에 넣어 두었어야 했다. 그러면 내가 다시 돌아왔을 때 이
자와 함께 내 돈을 돌려받았을 것이다.
28 저 종에게서 돈을 빼앗아 열 달란트 가진 종에게 주어라.'
29 가진 사람은 더 많이 받아 풍성하게 될 것이고, 없는 사람은 있는 것마저 빼앗길 것
이다.
30 '저 쓸모없는 종을 바깥 어두운 곳에 던져라. 거기서 슬피 울고, 고통스럽게 이를 갈
것이다.'"

마태복음 25장 14-30절, 아가페 쉬운성경

말씀네컷

★ 다음 그림은 오늘 교회에서 배운 말씀 그림이에요.
각 그림마다 떠오르는 내용을 적어 보세요.

★ 정답은 77쪽에 있어요.

1.

2.

3.

4.

말씀적용 나도 재능 기부해 봤다!

1. 가족 또는 친구들이 말하는 나의 달란트는 무엇인가요? 물어보고 적어 보세요.

❶

❷

❸

2. 오늘 교회에서 한 '나의 재능은?' 활동과 주변에서 말해 준 나의 달란트를 살펴보고, 내가 생각하는 나의 달란트 다섯 가지를 뽑아 적어 보세요.

3. 이번 한 주간 실천할 수 있는 재능 기부를 계획해 볼까요? 앞에 적은 나의 달란트 중 하나를 골라서 재능 기부에 어떻게 사용할지 계획을 세워 보세요.

누구를 도울 건가요?	
나의 어떤 달란트를 사용할 건가요?	
어떤 경로로 도울 건가요?	
무엇을 줄 건가요?	
시간이 얼마나 드나요?	
언제 실천할 건가요?	

예시

누구를 도울 건가요?	저체중, 저체온인 신생아
나의 어떤 달란트를 사용할 건가요?	손재주, 만들기 좋아하는 달란트
어떤 경로로 도울 건가요?	자선 단체의 '신생아 살리기 모자 뜨기 캠페인'에 참여할 거예요.
무엇을 줄 건가요?	모자를 떠서 보내 줄 거예요.
시간이 얼마나 드나요?	이틀 정도 걸릴 것 같아요.
언제 실천할 건가요?	월요일에 물품을 신청하고, 수요일에 학원에서 돌아와 오후 8시에 만들기 시작할 거예요. 그리고 금요일에 완성해서 우편으로 보낼 예정이에요.

4. 재능 기부를 실천하고, 나의 경험을 사진 일기로 기록해 보세요. 그리고 다음 주에 선생님, 친구들과 나눠 보아요.

날짜 :

(사진 붙이는 곳)

중심 구절 임금이 대답하여 이르시되 내가 진실로 너희에게 이르노니 너희가 여기 내 형제 중에 지극히 작은 자 하나에게 한 것이 곧 내게 한 것이니라 하시고 (마태복음 25:40)

성경 본문 마태복음 25장 34-45절

학습 목표

- 자선이 어떤 변화를 일으키는지 알아가요.
- 자선을 계속해서 실천하기로 다짐해요.

6과

자선은 언제까지 해야 하나요?

말씀활동 멀리멀리

다음 여섯 가지의 공통점은 무엇일까요?

Q. 공통점은?

말씀활동 나의 다짐

자선가로서의 나의 다짐을 씨앗 그림에 적어 보세요.
그리고 선생님이 준비한 세계지도에 붙여 보세요.

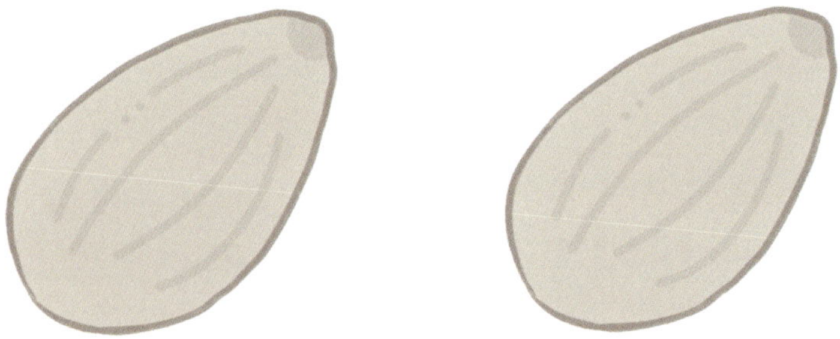

★ 책 뒤에 있는 부록에서 오려서 사용하세요.

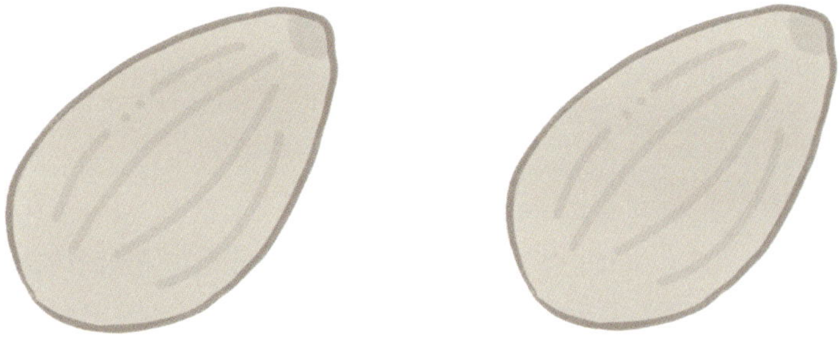

말씀읽기 세상을 바꾸는 씨앗

오른쪽에 있는 사람들

34 그때 왕이 오른쪽에 있는 사람들에게 말할 것이다. '내 아버지로부터 복을 받은 너희
들이여, 와서 세상이 만들어질 때부터 하나님께서 너희를 위해 준비하신 나라를 물
려받아라.
35 내가 배가 고플 때, 너희는 내게 먹을 것을 주었다. 내가 목마를 때, 너희는 마실 것을
주었다. 내가 나그네로 있을 때, 너희는 나를 초대해 주었다.
36 내가 헐벗었을 때, 너희는 내게 옷을 입혀 주었다. 내가 아플 때, 너희는 나를 돌보아
주었다. 내가 감옥에 있을 때, 너희는 나를 찾아 주었다.'
37 그때, 의로운 사람들이 그에게 대답할 것이다. '주님, 언제 주님께서 배고프신 것을
보고, 우리가 음식을 주었습니까? 언제 목마른 것을 보고, 마실 것을 주었습니까?
38 언제 나그네 된 것을 보고, 우리가 초대하였습니까? 언제 헐벗으신 것을 보고, 우리가
옷을 입혀 주었습니까?
39 언제 감옥에 있는 것을 보고, 또 아프신 것을 보고, 우리가 찾아갔습니까?'
40 그때, 왕이 대답할 것이다. '내가 너희에게 진정으로 말한다. 보잘것없는 사람에게 한
일, 곧 너희가 이 형제들 중 가장 보잘것없는 사람에게 한 일이 곧 나에게 한 것이다.'

왼쪽에 있는 사람들

41 그리고 나서 왼쪽에 있는 사람들에게 이렇게 말할 것이다. '저주받은 자들아, 내게서
떠나 악마와 그 부하들을 위해 준비한 영원한 불에 들어가거라.
42 내가 배가 고플 때, 너희는 내게 아무것도 주지 않았다. 내가 목마를 때, 너희는 마실
것도 주지 않았다.

43 내가 나그네 되었을 때, 너희는 나를 초대하지 않았다. 내가 헐벗었을 때, 너희는 내
게 아무것도 입혀 주지 않았다. 내가 아플 때나 감옥에 있을 때, 너희는 나를 돌보지
않았다.'
44 그때, 그 사람들이 대답할 것이다. '주님, 언제 주님이 배고프거나, 목마르거나, 나그
네 되었거나, 헐벗었거나, 아프거나, 감옥에 있는 것을 보고 우리가 돌보지 않았습니
까?'
45 그때, 왕이 대답할 것이다. '내가 너희에게 진정으로 말한다. 이 사람들 가운데 가장
작은 자 한 사람에게 하지 않은 것이 곧 나에게 하지 않은 것이다.'
46 이 사람들은 영원히 형벌을 받게 될 것이다. 그러나 의로운 사람들은 영원한 생명에
들어갈 것이다.

마태복음 25장 34-45절, 아가페 쉬운성경

말씀네컷

★ 다음 그림은 오늘 교회에서 배운 말씀 그림이에요.
각 그림마다 떠오르는 내용을 적어 보세요.

1.

2.

3.

4.

★ 정답은 77쪽에 있어요.

말씀적용 자선 여행 가방 꾸리기

1. 우리는 앞으로 자선가로서 긴 여행을 떠납니다. 여러분은 가방에 어떤 것들을 챙길 건가요? 그동안 배운 내용들을 떠올려 보고, 꼭 기억해야 할 것 다섯 가지를 가방 안에 적어 보세요.
   예) 자랑하지 않는 마음, 나의 재능, 하나님 사랑과 이웃 사랑 등

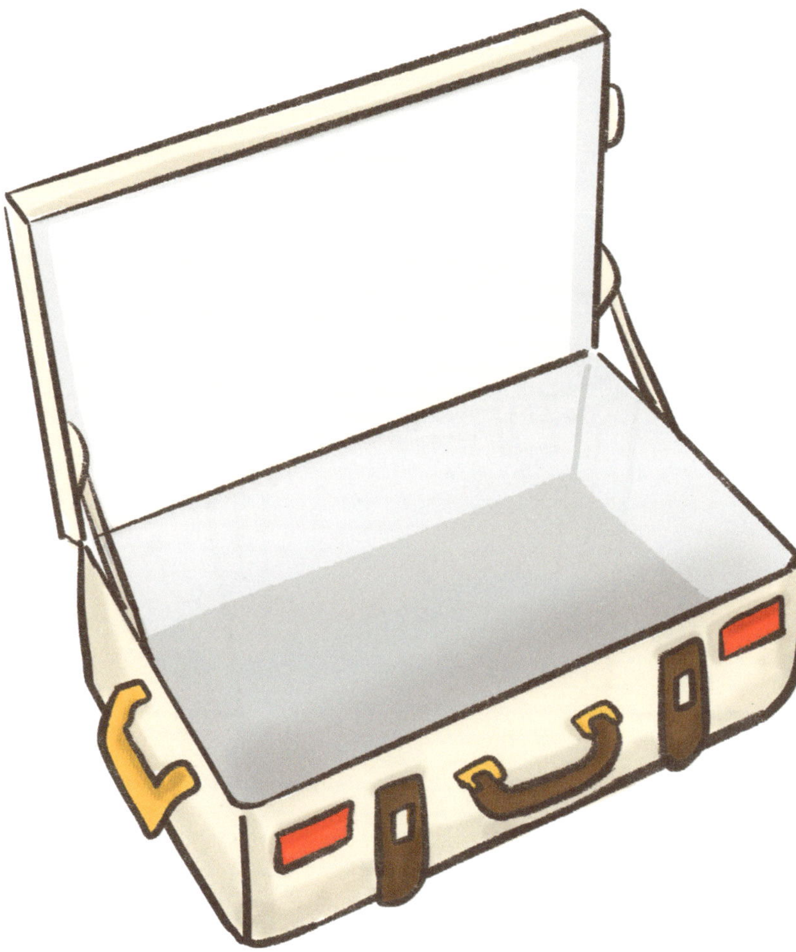

2. 짐을 다 꾸렸네요. 그렇다면, 반대로 버릴 것도 생각해 봅시다. 자선 교육을 받기 전에 잘못 알고 있었던 것, 잘못된 행동, 편견 등 자선 여행에서 꼭 버려야 할 것들은 무엇인가요? 나의 자선 여행에 절대 가져가지 않을 것 다섯 가지를 쓰레기통에 적어 보세요.

예) 가까운 사람들만 이웃으로 여겼던 것, 도움을 외면한 것, 자랑하는 마음 등

말씀네컷 정답

1과 1) 다양한 사랑의 모습이 있어요. 2) 그 중 가장 큰 사랑이 있는데, 바로 나를 위해 십자가에 달려 돌아가신 예수님의 사랑이에요. 3) 우리는 하나님께 큰 사랑을 받았어요. 4) 그 사랑을 바탕으로 하나님을 사랑하고 이웃을 사랑해요.

2과 1) 강도 만나 쓰러진 사람을 보고 '제사장'과 '레위인'은 그냥 지나가 버렸어요. 2) 쓰러져 있는 사람을 본 사마리아인은 그의 상처를 소독하고 보살펴 주었어요. 그는 모든 사람을 이웃이라고 생각했기 때문에, 어려움에 처한 이웃을 외면하지 않고 사랑의 마음으로 도왔어요. 3) 예수님은 이 이야기를 들려주시며 "너도 이 사마리아인과 똑같이 하라"고 말씀하셨어요. 4) 피부색, 언어, 배경과 문화가 달라도 이 땅을 살아가고 있는 우리 모두가 이웃이에요.

3과 1) 도움받는 사람의 입장을 헤아려 도와요. 2) 나를 자랑하지 않고 도와요. 3) 아까워하지 않고 도와요. 4) 나를 항상 도우시는 하나님께 감사하는 마음으로 다른 이를 도와요.

4과 1) 당시 예루살렘에 있던 그리스도인들은 가뭄으로 생활에 많은 어려움을 겪고 있었어요. 2) 사도 바울은 여러 교회들에게 연보(구제헌금)로 그들을 돕자고 요청했고, 많은 교회들이 매우 열심히 참여해서 그들을 도왔어요. 3) 물질적 도움은 빵, 돈, 옷, 약과 같이 당장 필요한 것, 쓸 것을 주는 도움을 말해요. 4) 물질적 도움의 대표적인 방법이 '기부'예요. 우리도 기부할 수 있어요.

5과 1) 주인이 여행을 떠나기 전, 세 명의 종을 불러 각각 5, 2, 1달란트씩 맡겼어요. 2) 5달란트를 받은 종과 2달란트를 받은 종은 열심히 일해서 각각 5달란트, 2달란트를 더 벌었어요. 그리고 주인에게 칭찬을 받았어요. 3) 한편, 1달란트를 받은 종은 땅 속에 묻어 두었다가 주인에게 돌려주었는데 꾸중을 들었어요. 4) 하나님은 나에게도 달란트(재능)를 맡기셨어요. 이 재능을 하나님과 이웃을 위해 선하게 사용할 때 "착하고 충성된 종아!" 하고 칭찬받을 수 있어요.

6과 1) 예수님은 오른쪽 사람들에게 "너희는 내가 어려움을 겪을 때 나를 돌보아 주었기 때문에 복이 있다"라고 칭찬하셨어요. 2) 예수님은 왼쪽 사람들에게 "너희는 나를 외면했다"라고 질책하셨어요. 3) 그 이유는 도움이 필요한 사람에게 한 것이 곧 예수님께 한 것과 같기 때문이에요. 4) 언제인지는 알 수 없지만, 예수님이 이 땅에 다시 오셨을 때 우리도 오른쪽과 왼쪽으로 나뉘어 심판을 받게 돼요. 그때까지 멈추지 않고 계속 자선을 해서 이웃 사랑을 실천하기로 해요.

부록

- 자선 체크 리스트
- 자선 단체 리스트
- 2과 이웃 카드
- 6과 나의 다짐
- 세상을 바꾸는 씨앗 로고 스티커

〈내가 하는 자선 체크 리스트〉

✦ 그동안 나의 자선 활동을 확인해 볼까요? 해당하는 항목에 ✓표시해 보세요.

1. '예수님을 믿는 사람'과 '자선'은 관련이 있다고 생각하나요?

   ① 매우 그래요 ② 그래요 ③ 그렇지 않아요 ④ 전혀 그렇지 않아요

2. 자선을 하는 이유는 무엇인가요?

   ① 예수님을 믿는 사람의 책임과 사랑 ② 주변에서 하라고 해서 ③ 불쌍해서

3. 자선에 대한 교육을 받고 있나요?

   ① 체계적으로 배웠어요 ② 교회에서 설교를 통해 한두 번 들었어요

   ③ 전혀 없어요

4. 도움이 필요한 누군가에게 나의 돈과 시간을 쓸 수 있나요?

   ① 매우 그래요 ② 그래요 ③ 그렇지 않아요 ④ 전혀 그렇지 않아요

5. 현재 도움이 필요한 사람들을 위해 기도하고 있나요?

   ① 매일 해요 ② 한 달에 한 번 해요

   ③ 일 년에 한 번 해요 ④ 전혀 하지 않아요

6. 현재 도움이 필요한 사람들을 위해 기부 또는 봉사를 하고 있나요?

   ① 매일 해요 ② 한 달에 한 번 해요

   ③ 일 년에 한 번 해요 ④ 전혀 하지 않아요

7. 남을 돕기 위해 나의 용돈의 몇 %를 사용할 수 있나요?

   ① 0~4% ② 5~9% ③ 10~14% ④ 15~19% ⑤ 20% 이상

8. 내가 생각하는 자선의 범위는 어디까지인가요?

① 주변 지인을 돕는 것까지

② 주변 지인뿐만 아니라 고통받고 소외된 모르는 사람들을 돕는 것까지

③ 지인과 모르는 사람들을 돕는 것뿐만 아니라 이들을 위한 사회제도와 문화를 바꾸려는 노력까지

9. 나의 자선이 계속해서 잘 이루어지고 있나요?

① 오랫동안 유지될 수 있도록 노력해요 ② 상황에 따라 자주 중단해요

③ 하지 않아요.

10. 자선이 곧 하나님을 향한 예배임을 알고 있나요?

① 잘 알아요 ② 조금 알아요 ③ 전혀 몰라요

〈부모님이 하는 자선 체크 리스트〉

부모님도 해당하는 항목에 ✓표시해 보세요.

1. 우리 가족은 '자선'에 대해 대화하고 있나요?

① 매일 해요　② 한 달에 한 번 해요
③ 일 년에 한 번 해요　④ 전혀 하지 않아요

2. 자선을 하는 이유는 무엇인가요?

① 그리스도인의 책임과 사랑　② 주변에서 하라고 해서　③ 불쌍해서

3. 자녀들에게 자선을 해야 하는 이유에 대해 정확히 가르치고 있나요?

① 성경을 토대로 구체적으로 가르쳤어요
② 하나님이 기뻐하시는 일이라는 정도로만 가르쳤어요
③ 가르친 적이 없어요

4. 현재 도움이 필요한 사람들을 위해 기도하고 있나요?

① 매일 해요　② 한 달에 한 번 해요
③ 일 년에 한 번 해요　④ 전혀 하지 않아요

5. 우리 가족이 공통으로 관심을 가지고 기도하는 대상/영역(환경, 인권, 빈곤 가정, 장애인 등)이 있나요?

① 공통으로 기도하는 대상이 있어요　② 구성원 각자가 따로 있어요
③ 없어요

6. 현재 도움이 필요한 사람들을 위해 기부 또는 봉사를 하고 있나요?

① 매일 해요　② 한 달에 한 번 해요
③ 일 년에 한 번 해요　④ 전혀 하지 않아요

7. 우리 가족은 지속적으로 자선을 실천하고 있나요?

① 오랫동안 유지될 수 있도록 노력해요 ② 상황에 따라 자주 중단해요

③ 일회성 기부 및 봉사 위주로 하고 있어요. ④ 전혀 하지 않아요.

8. 자녀들에게 자선의 태도와 방법 등에 대해서 가르치고 있나요?

① 상대방을 존중하는 태도와 방법으로 실천해야 함을 가르쳤어요

② 칭찬받거나 우쭐대기 위한 자선이 옳지 않다는 정도는 가르쳤어요

③ 가르친 적이 없어요

9. 자선의 범위를 어디까지라고 생각하나요?

① 주변 지인을 돕는 것까지

② 주변 지인뿐만 아니라 고통받고 소외된 모르는 사람들을 돕는 것까지

③ 지인과 모르는 사람들을 돕는 것뿐만 아니라 이들을 위한 사회 제도와 문화를 바꾸려는 노력까지

10. 자선이 곧 하나님을 향한 예배임을 알고 있나요?

① 잘 알아요 ② 조금 알아요 ③ 전혀 몰라요

〈자선 단체 리스트〉

해당 리스트는 KCOC, 한국자선단체협의회, 한국가이드스타에서 발췌한 자선 단체 목록이며, 이는 많은 자선 단체 중 일부입니다.(가나다순)

No	단체명	홈페이지 주소	사업 분야
1	국경없는의사회	https://msf.or.kr/	국제구호·개발, 의료보건
2	굿네이버스	http://www.goodneighbors.kr	교육·장학, 사회복지, 국제구호·개발, 의료보건
3	굿피플	https://www.goodpeople.or.kr/	교육·장학, 사회복지, 국제구호·개발, 의료보건
4	그린피스	https://www.greenpeace.org/korea/	환경, 국제구호·개발
5	글로벌케어	http://www.globalcare.or.kr/	교육·장학, 국제구호·개발, 의료보건
6	기아대책기구	http://www.kfhi.or.kr/	교육·장학, 사회복지, 국제구호·개발, 의료보건
7	다음세대재단	http://www.daumfoundation.org/	교육·장학, 비영리지원
8	다일공동체	http://dail.org/	교육·장학, 사회복지, 국제구호·개발, 의료보건
9	대한사회복지회	https://www.sws.or.kr/	교육·장학, 사회복지
10	대한적십자사	https://redcross.or.kr/main/main.do	재난구호, 공공의료, 남북교류, 혈액
11	동방사회복지회	https://www.eastern.or.kr/	교육·장학, 사회복지, 의료보건, 기타
12	러빙핸즈	http://www.lovinghands.or.kr/	교육·장학, 사회복지, 국제구호·개발
13	밀알복지재단	http://www.miral.org/main/main.asp	사회복지, 문화·예술, 국제구호·개발
14	부스러기사랑나눔회	http://www.busrugy.or.kr/	교육·장학, 사회복지, 국제구호·개발
15	비전케어	http://www.vcs2020.org/	의료보건, 기타
16	사랑의장기기증운동본부	https://www.donor.or.kr/home/index.asp	의료보건, 기타
17	사회복지공동모금회	https://chest.or.kr/base.do	사회복지, 의료보건, 긴급구호, 모금배분
18	세이브더칠드런	https://www.sc.or.kr/	교육·장학, 사회복지, 국제구호·개발, 의료보건
19	아름다운가게	http://www.beautifulstore.org/	예술,문화,스포츠,학자금,장학금지원,병원경영,의료,보건, 사회복지
20	아산나눔재단	https://asan-nanum.org/	사회복지, 기타
21	아이들과미래재단	http://www.kidsfuture.or.kr/	교육·장학, 국제구호·개발, 의료보건
22	아프리카미래재단	https://africaff.modoo.at/	국제구호·개발, 의료보건
23	엔젤스헤이븐 (은평천사원)	http://www.angelshaven.or.kr	교육·장학, 사회복지, 국제구호·개발, 의료보건
24	열매나눔인터내셔널	http://www.myi.or.kr/	교육·장학, 사회복지, 국제구호·개발, 의료보건
25	옥스팜코리아	http://www.oxfam.or.kr/	교육·장학, 국제구호·개발
26	월드비전	https://www.worldvision.or.kr/	교육·장학, 사회복지, 문화·예술, 국제구호·개발, 의료보건

27	월드휴먼브리지	http://www.whb.or.kr/	교육·장학, 국제구호·개발, 의료보건
28	유니세프 한국위원회	https://www.unicef.or.kr	교육·장학, 문화·예술, 국제구호·개발, 의료보건, 기타
29	유엔난민기구	https://www.unhcr.or.kr/unhcr/main/index.jsp	난민보호, 국제구호·개발, 의료보건
30	이랜드복지재단	https://www.elandcsr.or.kr/	사회복지, 교육·장학, 국제구호·개발
31	지파운데이션	https://gfound.org/	교육·장학, 국제구호·개발, 의료보건
32	초록우산어린이재단	https://www.childfund.or.kr/main.do	교육·장학, 사회복지, 국제구호·개발, 의료보건
33	컨선월드와이드	https://concern.or.kr/	국제구호·개발, 의료보건
34	코피온	http://www.copion.or.kr/	교육·장학, 국제구호·개발, 의료보건, 기타
35	태화복지재단	https://taiwhafound.org/main	사회복지, 교육·장학, 국제구호·개발
36	팀앤팀	http://www.teamandteam.org/	식수 및 보건위생(WASH), 난민지원, 긴급구호
37	플랜코리아	https://www.plankorea.or.kr/	교육·장학, 국제구호·개발, 의료보건
38	하나를 위한 음악재단	http://music4one.org/	문화·예술, 기타
39	하트-하트재단	http://www.heart-heart.org/	교육·장학, 사회복지, 문화·예술, 국제구호·개발, 의료보건
40	한국백혈병소아암협회	http://www.soaam.or.kr/	사회복지, 의료보건
41	한국실명예방재단	http://www.kfpb.org/	사회복지, 의료보건
42	한국아동청소년그룹홈협의회	http://www.grouphome.kr/pages/page_1.php	아동그룹홈지원사업, 아동그룹홈 관련 정책/연구사업, 국내외협력사업
43	한국장애인재단	http://www.herbnanum.org/	사회복지
44	한국컴패션	https://www.compassion.or.kr/	교육·장학, 국제구호·개발, 의료보건, 기타
45	한국펄벅재단	http://www.pearlsbuck.or.kr	사회복지, 교육·장학, 의료·보건, 기타
46	한국해비타트	http://www.habitat.or.kr/	사회복지, 국제구호·개발, 기타
47	한림화상재단	http://www.hallymburnfund.org/	사회복지, 의료보건
48	함께 걷는 아이들	https://www.withu.or.kr	사회복지
49	홀트아동복지회	https://www.holt.or.kr/	교육·장학, 사회복지, 국제구호·개발, 의료보건
50	희망브리지 전국재해구호협회	https://www.relief.or.kr/	재해재난구호

출처

KCOC(국제개발협력민간협의회) http://www.ngokcoc.or.kr/theme/ngokcoc/03/member00.php

한국자선단체협의회 http://www.charitykorea.kr/npokorea/lay1/S50T51C85/contents.do

재단법인 한국가이드스타 http://www.guidestar.or.kr/web/main

2과 이웃 카드

자르는 선

자르는 선

6과 나의 다짐

세상을
바꾸는 씨앗

세상을 바꾸는 씨앗

하나님